Li 3 8 A

DECOUVERTE
DE LA PIERRE
PHILOSOPHALE.

L'ANNE'E MERVEILLEUSE.

AVEC

UN SUPPLÉMENT.

A PEGU.

M. DCC. XLVIII.

DECOUVERTE
DE LA PIERRE
PHILOSOPHALE.

IL y a un mois que je balance ; travaillerai-je à perfectionner les Pantins ou à mettre la France à ſon aiſe ? Après avoir bien peſé ces deux grands objets, le dernier m'a paru mériter la préférence. Cette Capitale ne ſera peut-être pas de mon avis ; mais je demande la permiſſion d'être ſingulier.

La Guerre, malgré les reſſources de cet Empire, nous appauvrit, par cette Regle d'Arithmetique, que plus on ôte, moins il reſte ; & le pain du Peuple ſe trouve en proportion du plus au moins avec les Villes que nous prenons. Tel qui, avant la priſe d'Ypres, en mangeoit deux livres par jour, n'en mange plus qu'une ; & ſi les Grands en mangent encore à diſcretion, il eſt écrit ſur le Livre du Boulanger. Les Impôts extraordinaires ſont des maux néceſſaires, quand il faut acheter de la Poudre à Canon ; & je ſuis bien perſuadé que le Grand-Monarque qui nous gouverne, s'il pouvoit, ſans impôts, gagner des batailles, acheteroit à ce prix le titre de BIEN-AIME'. Cela ne ſe peut en tout, mais en partie ſingulierement, ſans Dixiéme : Comment cela ? En taxant nos Vices au lieu de taxer nos Biens. J'entre en matiére. Je ſuppoſe que le Dixiéme mette dans les coffres du Roy cent millions par an. Je force la méſure afin d'éviter les chicanes. Il eſt queſtion de trouver cette ſomme dans le Tréſor de nos Vices; heureuſement il eſt ſurabondant. Je n'en ſoûmets que *Six* à la Taxe, qui étant ou plus répandus, ou plus ordinaires aux Riches, fourniront plus d'argent : Les voici. *Le Parjure*, *la Médiſance*, *le Larcin de l'Honneur*, *l'Infidélité Conjugale*, *les Dettes*, *les Petites-Maiſons.*

TAXE DU PARJURE.

Pour ôter toute équivoque, définiſſons clairement le Parjure. Nous entendons un Menſonge confirmé par ſerment, ſoit devant un Magiſtrat ou derriére un Comptoir, dans les offres de ſervice ou devant deux beaux-yeux. Examinons quelle ſomme peut ſortir de cette infirmité. Qu'il y ait ſeulement 140000. Perſonnes qui y ſuccombent une fois chaque jour. La ſuppoſition doit paroître modeſte, ſi l'on conſidere qu'il y a plus de douze millions d'-Habitans dans ce vaſte Royaume ; & encore plus modeſte ſi l'on fait attention à la grande utilité du Parjure dans le commerce de la vie, dans toutes ſortes de trafics, dans les procès, dans les promeſſes obligeantes qu'on ne tient pas, dans les conquêtes amoureuſes que l'on médite : A 7. ſ. 6. d. chaque Parjure, eſt-ce trop ? Il me ſemble que non. Quand pour 7. ſ. 6. d. on peut gagner un Procès, faire périr ſon Ennemi, doubler ſon commerce, acquerir la réputation d'homme obligeant, vaincre une cruelle, c'eſt un argent avantageuſement placé. Reprenons; 140000. Perſonnes payant 7. ſ. 6. d. donnent la ſomme de 35000. liv. pour un jour. Par conſéquent le produit de cette Taxe pour un an eſt de 19 millions deux cens quinze mille livres.

TAXE DE LA MEDISANCE.

Il faut de toute néceſſité que dans cette Nation il y ait une moitié toute bonne & l'autre toute mauvaiſe, puiſqu'une moitié eſt toute occupée à médire de l'autre; il y a plus. Il faut encore que la moitié qui étoit bonne hier fût mauvaiſe aujourd'hui, puiſque celle dont on médiſoit hier, eſt aujourd'hui la moitié médiſante. C'eſt un prodige; mais on ne diſpute pas des faits. Voilà un fonds abondant pour le tréſor public: En effet, à ſuppoſer ſeulement un million de Médiſances par jour de la pointe de la Bretagne juſqu'au Rhin, & de la Flandre juſqu'à la Méditerranée, à trois ſols chaque Médiſance, un jour donne 150000. liv. & un an donne cinquante-quatre millions neuf cens mille livres.

Cependant, pour marquer au beau Sexe l'attention qui lui eſt dûë, n'en exigeons que la moitié de la Taxe, & même accordons-lui chaque jour vingt Médiſances gratuites: Si les hommes ſe plaignent de cette inégalité, qu'ils conſidèrent que la Médiſance eſt un talent qui n'eſt point naturel à notre ſexe; mais un talent acquis & forcé, dont tous les actes sont par conséquent bien volontaires, & par-là même, selon la plus saine Théologie, bien coupables. Au lieu que la Nature a placé dans la Langue Feminine un ressort toujours agissant qui est plus prompt que la pensée, un nerf extrêmement sensible qui tressaillit au moindre défaut du prochain. Qu'ils considérent encore que si on taxoit les Dames dans toute la rigueur, ce seroit peut-être les condamner à un silence perpétuel; quelle mélancolie se répandroit sur tout le Royaume?

Ainsi, en faveur de cette raisonnable diminution, réduisons le produit annuel de la Taxe à moitié; reste encore vingt-sept millions quatre cens 50000. liv.

Taxe du Larcin de l'Honneur.

Il s'agit dans cette Taxe de cette espéce d'Honneur que notre sexe vole à l'autre malgré son extrême vigilance; de cet Honneur qui se conserve communément après être perdu, & qui renaît pour être encore volé; de cet Honneur enfin qui est plus précieux avant qu'il soit engagé qu'après. Je le prens ici avant tout engagement. L'Infidélité dans le Mariage mérite bien une Taxe à part.

Je crois, sans exagérer, que dans une Nation où il y a tant de Voleurs & point de Verroux, il se fait bien 100000. Vols en 24. heures, jour ou nuit. Voilà donc 100000. Coupables sujets à la Taxe. Que chaque Vol soit taxé à 1. liv. je vois 100000. liv. entrer chaque jour dans les coffres du Roi ; ce qui produit la somme de trente-six millions six cens mille livres par an.

TAXE DE L'INFIDELITE' CONJUGALE.

Dans une Nation où il y a 12. millions d'Habitans, il y a environ 3. millions de Mariages. Parmi tant de Mariages on peut compter 10000. jeunes Femmes unies à de vieux Maris, dix autres mille dont les Maris ont des Maîtresses, la vengeance est douce ; 5000. associées à des Maris bourrus, & enfin 100000. Femmes aimables répanduës dans les Villes à garnison, ou à portée des Colléges, des Chapitres & des Abbayes ; que de ce nombre total qui nous présente 125000. Femmes dont la vertu est en souffrance, il sorte seulement 50000. Infidélités chaque semaine pour le bien public, à 1. liv. 10. s. l'Infidélité, cette Taxe produira par an trois millions neuf cens mille livres.

On sera peut-être surpris de ce que dans un si grand Royaume, où les Maris sont si traitables, nous réduisons les Infidélités à un si petit nombre ; d'autant mieux que Boileau de son tems ne comptoit que 4. Femmes fidéles dans cette Ville immense : Mais au Parnasse on ne se pique pas de calcul.

D'ailleurs, je crois à propos d'exemter de cette Taxe la bonne Ville de Paris, pour deux raisons : La premiere est qu'il paroît juste de favoriser les Etrangers qui y apportent leur argent ; cet Impôt pourroit rendre les Femmes moins obligeantes. La seconde est que la Capitale donnant ordinairement le ton à l'Etat ; il est bon qu'elle ne soit point gênée dans ses leçons, afin que le reste du Royaume, en les pratiquant, rende davantage au Trésor public.

L'on n'entend pas soumettre à cette Taxe les Femmes qui auront une notable difformité, une Bosse par exemple, des Yeux chassieux, une Maigreur frapante, &c. ni celles qui parlant à leur Miroir conviendront de bonne-foi de leur Laideur, ni enfin celles qui auront passé 50. ans. Quant aux Hommes, on exemte ceux qui auront atteint 70. ans.

Taxe sur les Debiteurs.

Avoir des Dettes en France est un Titre de Noblesse & même de Grandeur. Le Sacristain d'une Cathédrale, avec 100. Pistoles d'appointemens, a encore un Louis le 31. Décembre qui ne doit rien à personne : Mais son Evêque, qui a depuis dix ans 50000. liv. attachées à sa Mitre, devroit encore ses Bulles, si Rome faisoit crédit. Un Bourgeois avec 2000. Ecus de rente éleve 6. Enfans ; vis-à-vis de lui, loge un Grand Seigneur qui n'en a qu'un avec 100000. Ecus, & il doit à tous les Métiers. C'est un privilége des grandes Conditions. J'en bénis le Ciel, cet Impôt ne chargera pas le Peuple.

Cela étant, comptons les Grandeurs, les Excellences, les Eminences, tous les Monseigneurs, & généralement tous ceux qui occupent des Places élevées dans la Monarchie ; n'en portons le nombre qu'à 200000. suppo-

sons

ſons favorablement qu'il n'y en ait qu'une moitié chargée de Dettes, voilà 100000. Débiteurs. Taxons-les à 10. ſ. par jour, ſeulement pour les faire ſouvenir de leurs créanciers ; un an donne la ſomme de 18. millions trois cens mille livres.

Il paroît raiſonnable d'exemter de cette Taxe ceux qui n'auront des Dettes du Jeu, & ceux qui donnent tous les ans 10000. liv. aux Pauvres.

Taxe sur les Petites Maisons.

Voici encore une eſpéce de Taxe qui ne tombe point ſur le Peuple, elle eſt donc bien dans les principes de l'humanité. Pour avoir une grande Maiſon, il ne faut que 30000. liv. de rente; mais pour en avoir une petite, il en faut 100000. à bon marché faire : C'eſt ordinairement un azile de plaiſir & d'abondance. N'eſt-il pas juſte d'y prendre quelque choſe pour le bien public ? De compte fait, il entre dans une Petite Maiſon douze Agréables & 4. Femmes par ſemaine, ou la même Femme 4. fois. Le Propriétaire payera une liv. par Homme & 3. liv. par Femme, n'y entrât-elle que pour faire des nœuds.

Ainſi 500. Petites Maiſons, à 24. liv. par ſemaine, donneront ſix cens vingt-quatre mille livres pour un an.

Les jours où le Propriétaire ira ſouper dans ſa Petite Maiſon, avec ſa Femme, ſes Enfans, ou ſon Curé, ne ſeront pas ſujets à la Taxe.

Jettons à préſent un coup d'œil ſur le produit de ces différentes Taxes, & voyons si elles peuvent remplacer le Dixiéme.

Produit du Parjure, - - - - - -	19215000. liv.
Produit de la Médisance, - - -	27450000. liv.
Produit du Larcin de l'Honneur, -	36600000. liv.
Produit de l'Infidélité Conjugale, -	3900000. liv.
Produit des Dettes, - - - - - -	18300000. liv.
Produit des Petites Maisons, - -	624000. liv.
Total, cent cinq millions sept cens quatre-vingt-neuf mille livres, - -	105789000. liv.
Le Produit du Dixiéme n'étant que de cent millions, - - - - - - -	100000000.

Voilà un excédant de cinq millions sept cens quatre-vingt-neuf mille livres, qui sera destiné à payer les Officiers qu'on employera dans la nouvelle Ferme. On me demandera peut-être les moyens de lever ces Taxes, ce seroit chasser sur les Terres des Fermiers-Généraux. Il me suffit de leur avoir montré le Liévre, je laisse à leur industrie le soin de l'attraper. S'ils le manquent, je ne refuserai pas mes conseils. Qu'il me soit seulement permis d'ajouter deux mots, pour faire mieux sentir l'utilité de ce grand projet.

Je ne l'ai d'abord présenté que comme un fonds propre à supprimer le Dixiéme, en le remplaçant comme une ressource en tems de Guerre : Mais on s'appercevra aisément que la Taxe des Vices peut tenir lieu de tout Impôt, Paix ou Guerre. En effet, si six Vices seulement nous donnent plus de 100. millions, combien donneront vingt ?. Combien nous donneront 30. qu'on pourroit encore taxer & taxer avec moins de modération ? Que sera-ce encore si on veut impoſer nos ridicules ? Je n'offre qu'une eſquiſſe, d'autres feront le tableau. Un nouvel avantage, c'eſt qu'en taxant les Vices, au lieu de taxer les Biens, il n'y aura perſonne de taxé que ceux qui voudront bien l'être; ce qu'on paye volontairement, on ne croit pas le payer. Enfin un dernier avantage, c'eſt que généralement parlant, le Peuple ne payera qu'un ou zero, tandis que les Riches payeront mille.

Il ne ſe préſente qu'une objection raiſonnable, la voici : Si la Taxe ſur les Vices venoit à corriger la Nation, à répandre la vertu dans tous ſes Membres, que deviendroient les fonds publics ? Je réponds que cela n'arrivera jamais, parce que j'aurois plus fait que Moïſe, le Meſſie, l'Evangile & les Apôtres.

Je finis en proteſtant à toute la France que je ne demande pas un ſol pour la mettre à ſon aiſe, pas ſeulement l'exemption de la Taxe. Trop heureux ſi j'ai ſervi ma Patrie. Je renonce même à la gloire flatteuſe de l'invention. C'eſt le Docteur Swiſt qui enfanta ce grand projet, qui le propoſa aux Anglais : Mais ou ils manquerent de lumiéres ou d'amour pour le bien public : Le Français a les deux en abondance.

Je demande à préſent, ſi une ſource d'argent toujours coulante n'eſt pas la vraye Pierre Philoſophale.

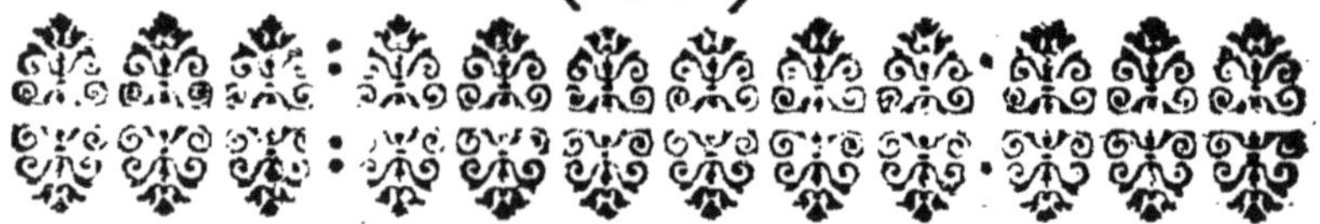

L'ANNE'E MERVEILLEUSE.

ON a beau dire, l'Astrologie est une vraie science. L'Univers en sera convaincu par la merveille des merveilles. Les hommes seront changés en femmes & les femmes en hommes. Ce sera le premier Août de l'année courante qu'arrivera cette étonnante métamorphose, jour de la conjonction de cinq Planétes qui se cherchent dès la naissance du monde, sans avoir pu encore se rencontrer.

Les anciens ont prévu ce grand évenement, ils ont été sifflés; les rieurs vont être pour eux, L'Egypte l'avoit gravé sur un Obélisque en caractéres hiéroglifiques : *Un Forgeron donnoit son marteau à une Femme, & la Femme lui tendoit sa quenouille.* Thalès de Millet, qui avoit connoissance de cet hiéroglife, après y avoir appliqué les calculs Astronomiques, s'écrie ; *Les Hommes fileront donc & les Femmes forgeront.* Anaximandre persuadé par son orgueil, qu'un Homme étoit plus qu'une Femme, exprime cette transformation en termes Algébriques : *Alors*, dit-il, *la quantité négative sera changée en quantité positive, le moins en plus, & le plus en moins.* Le divin Platon ne se contente pas d'annoncer ce prodige, il en décrit encore les préludes ; *La nature*, ce sont ses paroles, *commencera son ouvrage par la partie la plus difficile; avant de changer les corps elle changera les idées & les inclinations.*

Ouvrons les yeux, ſuivons la nature, & nous appercevrons les progrès qu'elle a déja faits. Ne voyons-nous pas que le goût de la parure ſe perfectionne dans les hommes? Autrefois les Dames étoient ſeules à leur toilette; aujourd'hui le Magiſtrat quitte *Bartole*, le Guerrier *Polybe*, l'Abbé les Docteurs de la Loi pour y voler. Reſpectons la nature, c'eſt un avant-goût de leur prochaine transformation qui les méne; ils vont à l'École, & ils profeſſent déja avec diſtinction dans les cercles; paroli aux rubans, aux pompons, aux aigrettes, à toutes les modes. Ils vont plus loin, ils exercent cet art avec une patience qui m'impatienta beaucoup l'autre jour. J'avois à parler à un Juge de 25. ans, je voulois du particulier; on l'habilloit, il me convint d'eſſuyer tout le Spectacle, qui conſomma plus de tems qu'il n'en falloit pour rapporter mon affaire; je crus qu'il étoit aſſigné chez une Ducheſſe pour faire aſſaut de frizure & d'odeurs. Un Parfumeur m'aſſure qu'il débite de l'eau de miel, de l'ambre, de la poudre à la Maréchale autant pour Homme que pour Femme. Les Hommes ſe flatent-ils d'être Hommes encore long-tems?

Ne voyons-nous pas que la minutie les amuſe, que la minauderie leur dévient naturelle, que la tracaſſerie les gagne, que le caprice s'empare de leur être? Nous pouſſons juſqu'aux vapeurs. Je tirai dernierement mon flacon pour un Seigneur à qui ſon Intendant rendoit des comptes ; & si toutes ces altérations ne se montrent pas encore si sensiblement dans les Hommes du Peuple, c'est que ces masses grossiéres ne sont pas si dociles au cizeau de la nature. Le tems amenera tout.

Que desormais notre surprise cesse donc en voyant des individus mâles en boucles d'oreilles faire de la tapisserie, donner audience dans un lit à midi, interrompre un discours sérieux pour converser avec un chien, parler à leur propre figure dans une glace, caresser leurs dentelles, être furieux pour un mâgot brisé, tomber en syncope sur un perroquet malade, dérober enfin à l'autre sexe toutes ses graces. Une puissance supérieure l'a voulu ; les goûts sont changés, & comment ne le seroient-ils pas, puisque les idées le sont, puisque les facultés de l'ame sont attaquées ?

On ne peut plus le dissimuler. Le bon sens dans les Hommes tourne en saillies, la mémoire en magazin de menus propos, l'imagination en feu d'artifice ; ils parlent, ils écrivent si légérement, qu'ils semblent n'avoir rien écrit, ni rien dit ; ou s'ils disent, ils disent trop. Ce qui n'est qu'un peu difforme est à faire horreur, ce qui est médiocrement bon est délicieux ; ce qui n'est qu'ébauché est du dernier parfait, en bien ou en mal ils escaladent tous les superlatifs ; ils sont enchantés, comblés, furieux sur des choses qui n'auroient pas causé la moindre émotion dans leurs ayeux, mais seulement dans leurs ayeules.

Critiques impitoyables en qui la nature n'a peut-être pas encore tant avancé son ouvrage, ne croyez pas vous soustraire à son pouvoir ; il est juste qu'elle commence par les importans de l'espéce. Supportons nos Freres, bien-tôt nous leur ressemblerons, nous serons Femmes, & par contre-coup les Femmes se changeront en Hommes. Nous en voyons aussi des symptômes trop évidens pour nous refuser à cette créance.

Trois choses surtout avoient paru distinguer notre sexe du leur : parler peu, penser beaucoup & dominer. Ces attributs ont passé aux femmes. Elles parlent moins. Dernierement dans un cercle j'en comptai six qui ne desserrerent les lévres que pour rire, tandis que deux élégans Marquis pirouettant de l'une à l'autre composoient un Dictionnaire ; on remarquoit pourtant à leurs discours qu'ils n'avoient pas l'âge de raison, que feront-ils quand leurs organes auront plus de consistance ? L'Eglise, on ne le croiroit pas, est un lieu qui met la langue en mouvement, puisqu'on y voit communément les Cavaliers avoir cent choses à se dire, les Dames s'y taisent ; mais ce sont les maris principalement qu'il faut consulter en cette matiére : ils conviennent assez généralement que, hors les occasions de demander & de quereller, leurs moitiés n'ont rien à leur dire ; & dans les compagnies on s'apperçoit qu'elles garlent le silence, à moins qu'il ne faille corriger les défauts du prochain.

Si elles parlent moins, elles pensent davantage. Les hommes étoient en possession de juger les Livres, aujourd'hui c'est au tribunal des femmes qu'ils prennent de la valeur, où tout au moins la juridiction est partagée ; ce ne seroit rien : elles en font ; la Poësie légére n'est plus qu'un jeu de leur premiere jeunesse ; elle ont embouché la trompette de *Milton*, elles laissent aux hommes la fabrique des Romans, pour donner des modéles de Lettres & des Anecdotes sur l'Histoire ; elles ont même forcé le sanctuaire des Sciences : est-on encore étonné de les voir la Sphére dans une main & le Compas dans l'autre, mesurer ou arranger le Monde, de les voir anatomiser l'ame ou fouiller dans le sein de la matiére pour y trouver des *Monades* & accréditer *Leibnitz*? Si elles nous parlent grace, prédestination, si elles commentent *S. Augustin*, un Molinişte de mauvaise humeur nous dit que c'est l'esprit infernal qui les guide. Qu'est-il besoin de recourir à un inconnu ? Il parleroit juste en disant que c'est l'esprit de l'homme qui s'empare de la femme. D'ailleurs, leur jugement devient si solide, que la plûpart des emplois & des dignités se distribuent à leur gré ; excellente qualité pour les mener à la domination.

Elles en dominent en effet. Il est de notoriété que nos jeunes gens ne sont que des pendules où les femmes marquent les heures, celles du jeu, du spectacle, de la promenade, des grands & des petits soupers. L'âge mûr ne se soustrait pas à cet empire, ni l'importance des emplois. Une fille de seize ans dit à un homme de quarante, au lieu d'examiner dans votre cabinet si ce malheureux conservera sa fortune ou la perdra, regardez-moi tous les jours pendant plusieurs heures, il la regarde; aimez-moi plus que votre femme, il y consent; ruinez-vous pour moi, il se ruine. Les Autels & le Notaire avoient semblé assurer aux maris la domination; la nature franchit la barriere & donne aux femmes le premier rôle. On va voir *Madame*, faire la partie de *Madame*, dîner avec *Madame*, *Madame* est servie; le mari peut s'absenter, c'est un personnage qu'on double aisément.

Cet empire domestique les conduit par dégrés au gouvernement des Etats. La nature a bien sçu ce qu'elle faisoit en inspirant aux Législateurs, en vûë de la grande métamorphose, de faire tomber les Couronnes en quenouille. Le sexe occupe déja deux Thrônes en Europe. Par les Loix, si les conjonctures s'étoient trouvées, il en occuperoit six; & une sage République vient tout récemment de lui déférer le Stathouderat; aussi les Dames ignorent-elles aujourd'hui les détails de ménage: ont-elles tort si la nature les éleve au-dessus d'elles-mêmes?

On peut ajouter un quatriéme distinctif qui a passé également aux femmes. L'homme n'a jamais voulu être gêné dans ses amours: ou les Loix lui ont permis plusieurs femmes, ou il se les permet lui-même. Les femmes au contraire attachées à un seul mari, s'y tenoient assez fidélement; mais en approchant de leur transformation, elles ont élargi leur coeur & étendu leur liberté.

Voilà donc les idées & les inclinations

changées dans les deux ſexes ; le plus fort eſt fait, il a fallu du tems ; mais le changement des corps ſera l'affaire d'un moment. Je me trompe peut-être ; car des connoiſſeurs prétendent que la nature a déja frappé les premiers coups. Il eſt évident, diſent-ils, que la conſtitution de l'homme s'affoiblit : les pieds n'ont plus de force, il paſſe ſa vie ſur un lit, dans un fauteuil, ou dans un caroſſe, encore eſt-il ſouvent excédé. S'il en eſt nombre qui marchent encore, on ſent bien que c'eſt un parti violent arraché par l'infortune ; les riches ne marchent plus : auſſi a-t'on abandonné la paume, le mail & tous les jeux qui demandoient des pieds & des bras. Il ne peut plus ſupporter le vin, la meſure de nos Peres eſt retranchée de moitié, il faudra taxer l'eau; il eſt également incapable des nourritures ſolides, heureuſement les Cuiſiniers ont imaginé des ſublimés de viande & des crêmes, encore deux repas ſurchargent-ils. Rien de ſi commun que d'entendre dire à des vieillards de 20. ans qu'ils ſont uſés, & ils n'ont rien fait ; ils ſont réduits à payer des mains pour les habiller. Avec tant de foibleſſe comment partir pour la Guerre ? Le remède eſt trouvé, on court la poſte entre deux draps.

Il y a long-tems que cette foibleſſe travaille à dépeupler la Terre. Qu'on liſe l'Hiſtoire, on ne trouve pas la cinquantième partie des Habitans qui y étoient du tems de *Ceſar* ; & ſi la fécondité ſe perd, ce qu'on remarque ſurtout dans les premières familles, où à peine compte-t-on un héritier, n'eſt-ce pas parce que la nature dans la crise où elle se trouve aujourd'hui „ dévient équivoque ? Il suffit pour ses vuës qu'il y ait encore des moitiés & des quarts d'Hommes. Enfin soit qu'on examine en nous le genre nerveux, qu'on nous mésure, ou qu'on nous pese, on trouve bien du déchet d'âge en âge ; & si les anciens Gaulois revivoient, ils demanderoient à l'étiquette de nos visages pourquoi nous portons barbe. Il leur seroit aisé de nous faire ce mauvais compliment, ils étoient éloignés de plus de dix siécles de la grande métamorphose, & nous y touchons.

Mais à mesure qu'un sexe s'affoiblit, l'autre prend des forces. Qu'on le nomme encore le beau sexe. Adonis de la Nation, ce n'est pas la peine de lui disputer ce titre pour le peu de tems qui lui reste à en jouir ; mais qu'on ne le nomme plus le sexe foible. La Champagne convient que son commerce est plus soutenu aujourd'hui par les Femmes que par les Hommes ; ce Vin petillant ne mousse que pour elles. Les liqueurs qui ont plus de force trouvent leur estomac encore plus fort. Menez-les d'un Festin à un Bal, elles percent la nuit dans un mouvement perpétuel ; un robuste Artisan en seroit anéanti. Elles sentent si bien la force qui croît en elles, qu'elles ont quitté la défensive, elles attaquent. Il est vrai que ce courage mâle n'a encore gagné que le haut & le bas étage ; mais lorsque le feu est au premier & au cinquiéme, le milieu de l'édifice n'est pas loin de l'embrasement. Et je ne sçais si en ôtant l'enduit de couleurs qu'elles s'appliquent, nous n'appercevrions pas des signes de force sur leur visage, leur peau s'épaissir, leurs traits grossir & la barbe germer. N'est-ce point l'envie de cette découverte qui engage tous ces gens à lunette à les observer si curieusement dans les Spectacles ? les nuances se frapperont, laissons faire la nature. Si les Ames sont changées, les Corps ne résisteront pas à son action victorieuse. Je le répete, le premier Août les Femmes demanderont des chapeaux & les Hommes des cornettes.

Gardons-nous de rire lorsque nous verrons une Bourgeoise plaider au Chatelet, & son Mari monter une garniture ; une Femme de l'ancienne Robe prononcer des Arrêts, & un Président faire des Nœuds ; une Comtesse donner un Mandement, & un Prélat en couche ; une Duchesse au Conclave, & un Cardinal demander le Tabouret.

Apprenez, rieurs imprudens, que la nature ne fait rien de ridicule ; & voici de quoi vous donner du sérieux mêlé d'une joye respectueuse ; apprenez qu'elle se sert de cette transformation pour rendre la liberté & la tranquillité à l'espéce humaine. Aux grands maux, les grands remédes : Il y a sur la Terre environ quatre millions de Héros, dont les uns mangent cinq sols par jour, les autres cinq Louis pour mettre tout en confusion ; le fer à la main, & roulant du canon devant eux, ils se rendent maîtres de notre liberté, de nos fortunes & de nos viés. Enfans de violence, votre regne est passé, vous demanderez bien-tôt des quenouilles ; & les Femmes, quoique revêtues de votre Sexe, ne ceindront pas vos épées : Car il faut remarquer avec tous les Philosophes, que la nature, malgré l'étenduë de son pouvoir, ne peut pas changer les essences. Or il est évident que l'essence de la Femme est la douceur ; ses autres qualités peuvent bien s'altérer dans le creuset de la nature, mais l'antipathie pour l'arme à feu, pour l'arme blanche, pour tout ce qui peut tuer ou blesser ; la douceur, en un mot, en sortira sans alteration. C'est un caractéristique, c'est un immuable ; le sexe, malgré sa transmutation, se souviendra toujours avec complaisance qu'il fut fait pour multiplier & non pour détruire.

Dè-là on peut annoncer la Paix génerale & perpétuelle, d'autant plus que si par une singularité contre nature il se trouvoit sur le Thrône un de ces nouveaux hommes, qui fût enclin à la Guerre ; que pourroit-il avec une Armée de Moutons ? Un Souverain qui est aimé, le doit à lui-même ; mais il n'est à craindre que par la force de ses Sujets. Qu'on ne m'objecte pas les Amazones ; l'Histoire ne convient pas du fait, & au pis aller, c'est un Phénoméne qui n'a plus reparu, tant il étoit contre le systême général.

Cette Guerre qui désole l'Europe touche donc à sa fin. Que d'Equipages perdus, que de mouvemens inutiles pour la campagne prochaine ? Peut-être le cas d'une Bataille, tombant justement au premier Août, on verra deux Armées, qui la veille étoient si formidables, jetter leurs armes pour courir plus légérement aux Toiles de Hollande, aux Perses & aux Mousselines. Russiens qui marchez depuis trois ans, c'est bien la peine d'arriver précisément pour acheter des jupes.

Ce n'est pas tout. La grande transformation n'influera pas seulement sur la Paix des Nations, mais encore sur le repos des Familles. Les nouveaux Hommes auront pour leurs Femmes l'indulgence qu'ils demandoient dans leur premier état. Ils leur passeront la passion des Dentelles, la fureur des Diamans, la coquetterie, l'ennui qu'inspire un Mari, les fantaisies, les maladies de commande, & tant de bagatelles qui troublent la paix des ménages. Ils n'affecteront point la supériorité qui les blessoit tant; tout sera dans l'ordre. Que diroit cet Docteur Allemand, s'il vivoit, qui osa imprimer un Livre avec ce titre, *de l'excellence de la Femme sur les autres Animaux*? Le sot! il seroit le loup de la Fable. Que diroit Mahomet? Excluroit-il encore les Femmes du Paradis? Le Prophéte s'occuperoit sans doute à refondre l'Alcoran.

Mais j'entens les incrédules du siécle s'écrier, malgré l'Astrologie & la parole de la nature; Comment s'attendre à ce prodige? Comment le croire? Il n'en seroit pas un s'il étoit crû aisément. Combien d'évenemens que la seule expérience peut persuader? S'attendoit-on qu'une Ville immense en pleine Guerre s'amuseroit six mois d'un petit homme de cartes? S'attendoit-on à la découverte de la Pierre Philosophale? S'attendoit-on à une

Stahouderesse ? S'attendoit - on enfin qu'un Jésuite erreroit, & pour comble, qu'il se retracteroit avec l'humilité de son état ? Tous les siécles sentiront le bienfait inéfable de l'*Année Merveilleuse*.

SUPPLEMENT
DE
L'ANNÉE MERVEILLEUSE.

Histoire arrivée à Pegu. *Premier effet de l'Année Merveilleuse, & commencement des prodiges qu'elle annonce.*

Ainsi donc nous touchons à ce grand évenement qui intéresse tout le genre-humain! Ainsi donc cette étonnante Métamorphose des hommes en femmes, & de celles-ci en hommes, est sur le point d'être consommée! Ainsi donc enfin (puisqu'ainsi donc il y a) la rencontre de ces cinq Planettes inconnuës, qui se cherchent depuis la création du Monde, va par une prochaine conjonction sur nos têtes, accomplir la divine volonté du Créateur, qui, dès la composition du cahos, avoit marqué cette vicissitude merveilleuse!

La lenteur avec laquelle ces 5. Constellations décrivent le globe de la Terre, ne leur permet point d'opérer partout dans le même moment. Si elles ont employé 7748. ans que nous comptons depuis la création du Monde, pour parvenir à se joindre, il n'est point douteux qu'elles nous donneront tout le tems de nous préparer au miracle de leur influence, puisque,

que, ſuivant une Centurie de *Noſtradamus* ; c'eſt par la Partie du Monde qui eſt oppoſée, à l'Europe qu'elles doivent ouvrir leur marche.

On vient effectivement d'apprendre par un *Aviſo* nouvellement arrivé de *Congo à la Rochelle*, que la conjonction de ces Planettes avoit déja commencé ſon effet dans le Royaume de *Pegu*. En voici le détail, tel que l'équipage de ce Vaiſſeau l'a rapporté. Je laiſſe à nos Obſervateurs le ſoin de l'analiſer.

Le 5. Janvier dernier, ſur les 5. heures du matin, le Soleil étant pour lors au 5e. degré 5. minutes & 5. ſecondes du Capricorne, la Lune auſſi au 5e. degré 5. min. & 5. ſecond. de la Vierge (car à cauſe des 5. Planettes, apparamment tout eſt par 5.) on a vû le Ciel, qui avoit été beau la veille, s'obſcurcir vers le Levant, & s'éclaircir alternativement par 5. différentes fois. Les eaux du *Gange* ont remonté à leur ſource ; & ce Fleuve dont la rapidité & la largeur lui avoient acquis le nom du plus grand Fleuve du Monde, s'eſt dans un inſtant converti en une douce & navigable Riviére, & celle du *Pegu* au contraire s'eſt changée en un Fleuve des plus rapides. Les Sauvages qui en habitoient les bords, ont été bien étonnés d'un événement auſſi étrange ; mais ils l'ont été bien plus encore, quand dans le moment ils ſe ſont vûs eux-mêmes compris dans cette révolution, en changeant inſenſiblement de ſexe & de nature ainſi que tous les Animaux. Tel étoit parti le matin pour la chaſſe, qui revenant à ſa cabane n'offroit plus qu'une femme à un homme qu'il avoit laissé sa femme : Tel autre étoit allé à la pêche, qui, sentant la Métamorphose consommée en lui, déchiroit ses voiles pour cacher sa turpitude à son retour.

Le vieux Roi de *Pegu*, instruit de ce qui se passoit dans les confins de son Royaume, s'étoit réfugié seul dans son Sérail : Là dans une Salle souterraine, il avoit fait étendre plusieurs riches tapis de Turquie & de Perse, sur lesquels il étoit couché au milieu de 20. de ses femmes, qui, par son ordre, le tenoient étroitement serré entre leurs bras. Il avoit fait plus encore. Il s'étoit fait revêtir de la tête aux pieds des habillemens d'une femme, & il croyoit par ce stratagême se soustraire à la Métamorphose qu'il ressentit cependant le premier; car il commença par être changé en femme, & ses femmes le furent ensuite en hommes. Ce nouvel *Incube* voulut sur le champ faire essai de son état, & il se le fit effectivement constater par ces Nousuccubes, qui tous les uns après les autres lui prouverent la réalité de la Métamorphose; jamais il n'eut tant de plaisir, & il avoua de bonne-foi que celui qu'il avoit goûté en homme, n'étoit qu'une très-légére idée de celui dont il pouvoit jouir actuellement : Il étoit cependant assez vieux pour avoir dû dégoûter ces jeunes Athelettes; car la Métamorphose ne rajeunit malheureusement point; & tel seroit encore bien de mise à 60. ans en homme, qui devenu femme seroit épouventable : Mais que ne peut la curiosité? Elle leur fit naître l'envie de vérifier leur sexe; quand on est jeune, on en prend par où on peut ; & il n'y a que l'âge qui nous rende fâcheux.

A meſure que les Planettes s'avançoient ſur l'horiſon, à meſure auſſi leur influence opéroit tant ſur les hommes que ſur les femmes, & ſur tous les autres Animaux de chaque eſpéce, cependant avec aſſez de lenteur, pour donner le tems de ſe retirer plus loin à qui vouloit l'éviter ; de ſorte que l'on voyoit la plûpart des hommes ou s'embarquer, ou courir en avant pour dévancer la contagion qui les ſuivoit de bien près ; car encore ne s'aviſerent-ils de cet expédient que quelques jours après ; car le Roi de *Pegu* n'auroit pas manqué de s'en ſervir le premier. Les femmes reſterent preſque ſeules dans les Villages & dans les Villes, pour y attendre un ſort qui les flattoit infiniment ; effet ordinaire de l'inconſtance qui leur eſt naturelle. Cette multitude d'hommes qui fuyoit de toutes parts, ne faiſoit que groſſir à chaque pas.

C'eſt d'une femme transformée en homme, dès le commencement, que l'on tient ce détail ; ſon mari ſévére, hypocondre & jaloux, n'avoit jamais eu pour elle que des façons ridicules, & telles que la plus grande partie des Robins de Paris en ont pour leurs femmes aujourd'hui ; lorſqu'elle ſçut que n'ayant point encore eu de part à la réforme univerſelle, ce mari fuyoit pour l'éviter, elle courut après lui, dans le deſſein de le joindre & de l'arrêter pour l'y faire participer, afin de ſe venger à ſon tour de tous les mauvais traitemens qu'elle en avoit reçûs ; enfin elle ne put le joindre, & comptant le trouver en Europe, elle s'embarqua à *Congo* sur le Navire Français qui a apporté ces particularités; elle est restée à *la Rochelle* où toutes les femmes lui font leur cour, & ne lui laissent manquer de rien, dans la flatteuse espérance de pouvoir bien-tôt devenir comme elle: Les plus aimables de la Ville s'empressent de lui faire des caresses propres à exciter sa reconnoissance, parce qu'elles sçavent que connoissant leurs foibles, mieux que les hommes ordinaires, ce nouveau Converti doit aussi être plus utile à leurs plaisirs.

On a encore remarqué que la nature, soigneuse de ses productions, ne les avoit point perdu de veuë, puisque dans sa transmutation des quantités du *plus* au *moins*, & du *moins* en *plus*, elle a eu le soin de faire passer adroitement la grossesse *positive* des Femmes enceintes, dans la *négative* des véritables Peres, qui dans leur métamorphose se trouvoient au même terme qu'étoient leurs Femmes; de façon que cette sage conservatrice de tous les Êtres, n'a perdu aucun de ses droits dans cet évenement, mais aussi a-t-elle bien produit des découvertes qui étoient ignorées des Maris. Par exemple, un de ces Habitans avoit une Femme qu'il adoroit, & que consequemment il croyoit être attachée à lui seul; il se flattoit d'être le vrai Pere de l'Enfant dont elle étoit enceinte; mais quelle doit avoir été sa surprise, lorsque croyant voir passer ce germe dans son sein, il l'a vû passer dans celui du dernier de ses Esclaves, qui plaisoit à sa

Femme plus que lui ! Un autre, dont la Femme étoit dans le même cas, n'a pas été moins piqué de voir transmigrer la grossesse de sa Femme dans le corps d'un vénérable *Dervi-che* qui fréquentoit chez lui sans soupçon.

Que de réflexions n'avons-nous point à faire sur ce changement universel de toute la nature ? Et que ne devons-nous pas faire pour nous y préparer ? Pour moi j'en ris d'avance, & mon parti est tout pris ; je serai Femme ! Eh-bien, je ferai comme les autres. Si la mienne une fois dévenuë mon mari, ne m'aime pas plus que je ne l'ai aimée, je m'en consolerai comme elle s'en consoloit ; je me jetterai dans la dévotion, ce sera mon pis aller, comme il est celui de bien d'autres.

Mais non, Amour, ne crains point pour tes droits, tu n'y perdras rien ; qui a bû, boira ; qui a aimé, aimera : Et ton empire au contraire va fleurir plus que jamais ; c'est même, je crois, en ta faveur, que la nature opere ce Miracle. La nouveauté te vaudra plus que l'habitude.

Mais que de mistéres amoureux vont être découverts, s'il n'y a que les véritables Peres qui portent la grossesse des Femmes, & non les Maris ! Que d'Abbés ! Que de Moines vont être changés en femmes grosses ! Et qu'ils seront bien punis de leur incontinence ! Les nouveaux Époux charmés d'être débarassés d'un Enfant qui n'étoit que leur locataire, se vengeront à leur tour des infidélités de leurs Adultéres ; & combien de Filles nubiles, nubiles & demi, & nubiles trois quarts, retenues uniquement par la crainte d'un désordre ſcandaleux dans l'arrangement de leur corſet, ſe dédommageront à leur aiſe du tems précieux qu'un vain préjugé d'honneur leur a fait perdre mal-à-propos.

Faſſe le Ciel que la Paix précéde ce grand & miraculeux évenement.

FIN.

LETTRE A UN ABBÉ, SUR *L'ANNE'E MERVEILLEUSE.*

JE vous remercie, mon cher Abbé, de l'Imprimé intitulé l'*Année Merveilleuse*, que vous m'avez fait l'honneur de m'envoyer. Pour répondre à l'invitation que vous me faites de vous en dire mon sentiment, je vous avouerai que je suis plus disposé que personne à donner des éloges à ceux qui réussissent en quelque genre que ce puisse être. Ce petit Ouvrage est assez plaisant; je désirerois que l'Auteur eût eu le mérite de l'invention, mais l'idée en est prise d'un Roman qui est entre les mains de bien des gens : Il faut convenir qu'il y a des saillies; qu'en général le stile est assez bon; qu'il y a des Anocdotes plaisantes & des réfléxions ingénieuses; mais l'Auteur va directement contre le systême qu'il veut établir. Suivant lui, les Hommes déviendront Femmes, & les Femmes seront Hommes. Ce prodigieux changement doit arriver au premier Août. Il auroit mieux fait de dire; *La Nature sera féminisée au premier Août.* Il dégrade l'Homme sans élever la Femme; il laisse à cette derniére les défauts qu'elle avoit, & il y ajoute les vices dc l'Homme corrompu; ses imperfections augmentent, & les défauts qui devoient faire perdre à l'Homme le premier rang qu'il occupe, sont attribués à la Femme. Est-ce par un pareil changement qu'il peut parvenir à prouver son systême ? Il n'a de l'esprit que pour lâcher des traits de satyre contre les deux espéces, sans s'embarrasser de remplir l'objet qu'il s'est proposé. J'entre en matiére, & j'examine si ma critique est juste.

L'Homme est dévenu coquet, la minutie l'amuse, la minauderie lui est dévenue naturelle, la tracasserie & le caprice le gagnent, il est amoureux de sa figure, il dérobe à la Femme toutes ses graces; il a perdu cet esprit mâle, qui le distinguoit de la Femme; il parle beaucoup, il pense peu, il se laisse dominer, il a perdu sa vigueur, ses Enfans sont foibles & débiles; il ne seroit plus reconnu par ses Peres. Le Français a plus perdu qu'un autre: Anciens Gaulois si vous reviviez, vous demanderiez à l'étiquette du visage d'un Français, pourquoi il porte de la barbe?

Voilà le portrait que notre Transformateur fait de l'Homme. L'extrait est fidéle; sa Satyre est-elle vraye? L'Homme est à présent ce qu'il étoit dans les tems les plus reculés. Parmi les Romains il s'est trouvé des Hommes qui aimoient la parure, de jeunes gens amoureux de leur figure, complaisans pour les Dames, esprits légers, s'occupant de bagatelles, aimant les plaisirs, & ne songeant qu'à plaire. Ces mêmes Hommes parvenus à un âge plus mûr, ont pensé sensément, ils ont fait des prodiges de valeur; la bagatelle n'étoit plus capable de les occuper, lorſqu'il étoit queſtion de défendre la Pattie, ou de lui rendre quelque ſervice eſſentiel ; Mais, ſans recourir à une antiquité ſi reculée, nous trouvons dans notre Nation même des preuves que la Nature a toujours été la même qu'elle eſt à préſent. Les Français qui éxiſtoient il y a 200. ans reſſembloient aux anciens Gaulois, & nous reſſemblons à ces Français dont la mémoire eſt en vénération. Un Auteur illuſtre nous en fait un tableau fidéle; l'époque eſt du tems de la Ligue.

Il le faut avouer, parmi ces Courtiſans,
Que moiſſona le fer en la fleur de leurs ans,
Aucun ne fut percé que de coups honorables ;
Tous fermes dans leurs poſtes, & tous inébranlables ;
Ils voyoient devant eux avancer le trépas,
Sans détourner leurs yeux, ſans reculer d'un pas.
Des Courtiſans Français tel eſt le caractére,
La Paix n'amolit point leur valeur ordinaire ;
De l'ombre du répos, ils volent aux hazards ;
Vils flatteurs à la Cour, héros aux champs de Mars.

Ce portrait des Français, au tems de la Ligue, reſſemble parfaitement à ce qu'on peut en dire aujourd'hui. Poupées de la Cour, foibles & délicats en tems de paix, ils bravent avec intrépidité une mort certaine; ils enfoncent des bataillons, ils renverſent des eſcadrons, ils forcent des retranchemens, ils abattent des murailles, ils ſe font craindre & reſpecter. La valeur leur eſt naturelle ; mais ils ne la font paroître que quand il eſt néceſſaire. Pour plaire à un Sexe aimable, le notre paroît adopter ses goûts ; il dévient Femme, pour ainsi dire, par ses façons & sa maniére de se mettre ; mais il conserve son essence, pour faire connoître, quand il est nécessaire, qu'il ne s'est point laissé dégrader.

Notre Auteur, pour se rendre propre une pensée de Voltaire, & pour se séparer de l'esprit d'un autre, dit qu'il y a sur la terre environ quatre millions de héros à cinq sols par jour, qui vont demander des quenouilles ; & il annonce que ce grand évenement sera suivi d'une paix générale & perpétuelle. Braves Guerriers qui avez prodigué votre sang & votre vie avec tant de générosité pour procurer une paix honorable & solide, vous méprisez un augure aussi peu vrai-semblable & aussi insultant ; le genre de valeur qui est en vous est un obstacle invincible à une telle transformation. Vous êtes hommes, vous l'avez manifesté avec éclat, vous ne changerez pas d'essence : Indomptables à la guerre, lorsque nous jouirons de la paix vous chercherez à plaire à un Sexe fait pour charmer ; vous adopterez ses goûts, mais vous conserverez toujours le votre. Sénateurs respectables, le trait lancé contre un Robin fréluquet ne peut vous blesser.

Je viens à l'examen de ce que notre Auteur dit de la Femme, & de ce qui doit la transformer en Homme.

La Femme parle moins, elle pense davantage. Hors les occasions de demander & de quereller, les Femmes n'ont rien à dire à leurs Maris. Elles jugent de la valeur des Livres, elles ont embouché la trompette de Milton ; elles mesurent le Monde, elles sont sçavantes. Un Auteur nous dit que c'est l'Esprit Infernal qui les guide, lorsqu'elles parlent de la prédestination ; il parleroit plus juste, en disant que c'est l'Esprit de l'Homme qui s'empare d'elles. Une sage République vient de déferer à une Femme le Stathouderat. Autrefois attachées à leurs Maris ; en approchant de leur transformation, elles ont élargi leur cœur & étendu leur liberté ; elles ont quitté la défensive, elles attaquent ; les plus fortes liqueurs sont foibles pour leur estomach ; elles percent les nuits ; elles donneront des quenouilles aux Hommes, mais elles ne ceindront pas l'épée ; s'il se trouvoit sur le Trône un Prince enclin à la guerre, que pourroit-il faire avec une armée de moutons ?

La vérité seule a droit de plaire, conséquemment ce qui est faux déplait. Beau Sexe, on n'a cherché à vous élever par quelques endroits, que pour être en droit de vous lancer les traits de la plus noire satyre ! Ne craignez rien, vous avez trop de défenseurs ; plus d'Hommes sont portés à rendre justice à vos perfections, qu'il n'y en a de capables de répandre leur bile contre vous : Vous aurez toujours les vœux & les hommages de la plus grande partie des Hommes. Notre Auteur est précisément dans le cas de ceux qui n'ont que de la saillie, & dont l'imagination est un feu d'artifice ; Il a écrit si légérement, qu'il semble n'avoir rien écrit ; & je crains bien que la métamorphose, s'il doit y en avoir une, ne commence par lui-même ; il a déja perdu deux choſes eſſentielles, le bon-ſens, & l'amour de la vérité.

Il ſeroit trop long de faire l'énumeration de ces Femmes, que les vertus, les talens, les ſciences les plus abſtraites, la Poëſie, & la connoiſſance des Langues, ont rendu recommandables & illuſtres dans l'Antiquité & dans les derniers ſiécles. Celles qui ont voulu s'appliquer à l'étude ont eu le ſuccès le plus éclatant : S'il y en a toujours eu, pourquoi s'étonner qu'il s'en trouve dans notre ſiécle ?

La Hollande a déferé le gouvernement à une Femme, après l'extinction des mâles : eſt-ce une conſéquence que les Hollandais ayent reconnu l'inſuffiſance de leur eſpéce ? Notre Auteur devoit donc en même tems faire le procès aux Eſpagnols, aux Anglais, aux Ruſſes, & aux Suédois, aux Bohêmes & aux Hongrais, qui, au défaut des mâles de la Race-Royale, ſe ſoumettent au gouvernement des Femmes de cette même Race. Parce que la Reine Éliſabeth a été une grande Princeſſe, les Anglais qui vivoient ſous ſon regne ont-ils perdu les priviléges attachés à leur eſpéce ? Les éloges que notre Auteur donne aux Femmes ne les honorent pas ; & il veut les déshonorer par les traits de ſatyre qu'il lance contr'elles. Femmes vertueuſes, auſſi attachées a vos devoirs que dans les ſiécles les plus reculés, les vices de quelques-unes ne terniſſent pas votre gloire ! La honte ſuit ces derniéres, & l'éclat vous environne ; mais l'imagination trop vive de notre Auteur ne lui repréſente pas les objets tels qu'ils ſont ; elle diminue les vertus, & elle augmente les vices.

Enfin notre Transformateur prétend que les Femmes, en dévenant Hommes, conſerveront leur douceur ; leurs autres qualités peuvent s'alterer dans le creuſet de la Nature, mais l'antipathie pour l'arme à feu, pour l'arme blanche, & pour tout ce qui peut tuer ou bleſſer, eſt inaltérable. La douceur eſt de leur eſſence. Pourquoi les Hommes n'auront-ils pas le même privilége ? Ils perdront ce qui les rendoit vaillans, généreux, forts de corps & d'eſprit, il ne leur reſtera plus que de la foibleſſe ; ils ſeront privés des qualités attachées à leur eſſence, & les Femmes les conſerveront ; cependant l'eſſence eſt inaltérable. C'eſt à notre Auteur à nous déveloper ce miſtére ; perſonne ne peut lui rendre ce bon office.

Vous me direz peut-être, mon cher Abbé, que je traite trop ſérieuſement une badinerie, que cet Auteur a voulu rire, & que dans un Ouvrage de cette eſpéce on ne doit pas exiger de lui tant d'éxactitude ni de verité. Enfin que s'il fait rire, il remplit ſuffiſament ſon objet. Ces raiſons ne me contentent pas : Un Auteur n'a pas pour but unique de faire rire ; ce ſeroit un Baladin, il veut plaire, il veut corriger les défauts des autres : *Ridendo caſtigat mores.* Ce ſont là des motifs légitimes pour y parvenir, il faut qu'il parle le langage de la verité ; il ne doit pas trop charger le tableau, ſes perſonnages doivent paroître dans tout leur jour. S'il montre leurs défauts, il doit rendre justice à leurs perfections ; & malheureusement pour notre Auteur, il ne l'a pas fait.

Pourquoi m'avez-vous demandé, mon cher Abbé, mon sentiment sur l'ANNE'E MERVEILLEUSE ? Vous m'avez excité à l'examiner ; sans votre invitation, me contentant d'une lecture rapide, j'en aurois trouvé l'idée plaisante. Après l'examen, je n'ai pû me refuser à l'évidence que l'Auteur n'avoit pas rempli son objet ; que ce qu'il reproche aux Hommes en général, ne doit s'appliquer qu'à une petite partie ; & que bien-loin d'élever la Femme, il la met dans un rang moins élevé que celui auquel tout Homme de bon sens l'a placée jusqu'à présent.

Je vous fais grace, mon cher Abbé, de l'examen de plusieurs contrarietés qui se présentent naturellement à la lecture de l'ANNE'E MERVEILLEUSE ; ce seroit l'examiner trop scrupuleusement, & faire à cet Ouvrage plus d'honneur qu'il n'en mérite.

Je suis très-sincerement,
mon cher ABBE', ***.

A Paris le 8. Mai 1748.

30

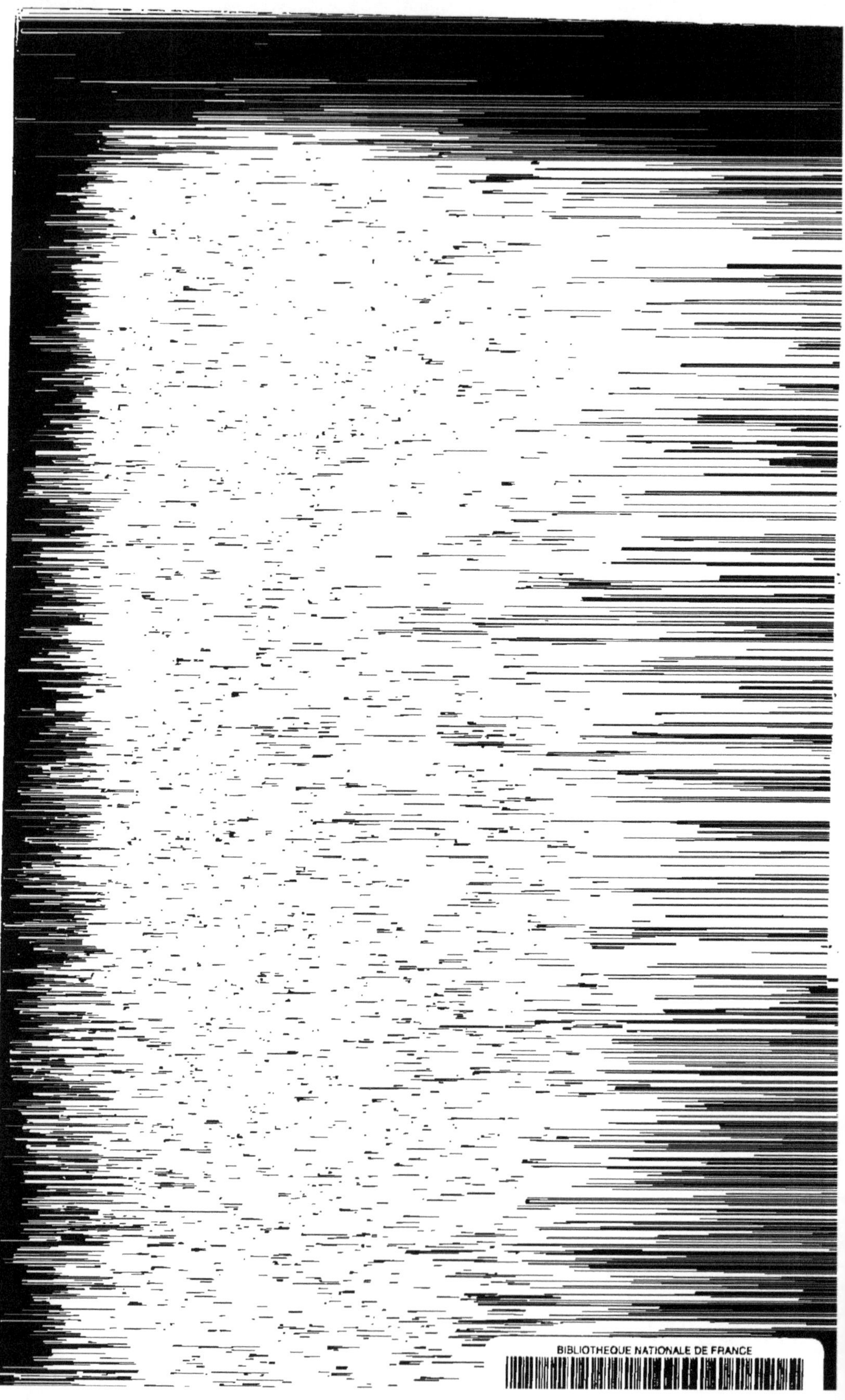

www.ingramcontent.com/pod-product-compliance
Ingram Content Group UK Ltd.
Pitfield, Milton Keynes, MK11 3LW, UK
UKHW021025200726
13857UKWH00004B/1582

9 782012 872066